Gebet um Trost

Barmherziger und guter Gott,
ich brauche Trost in meiner Trauer.

Ich bin traurig, weil ich
einen lieben Menschen verloren habe.
Stehe du mir bei.

Ich brauche keine Worte, die mich vertrösten.
Ich brauche einen, der mir zum Trost wird,
der zu mir steht und mein Weinen
und meine Verzweiflung aushält.

Sende mir solche Menschen als Trost
in meine Trostlosigkeit.

Sei du selbst mir ein Trost.
Ich vertraue darauf, dass du mich aushältst
und dass du bei mir bleibst,
auch wenn ich am liebsten
davonlaufen möchte.

Gib du mir mit deinem Trost wieder Festigkeit,
dass ich den Boden unter den Füßen spüre
und wieder zu mir stehen kann.

Trauer und Trost

Als Trauernder fühlt man sich oft allein gelassen. Freunde wechseln die Straßenseite, um uns aus dem Weg zu gehen. Und wenn wir bei Freunden eingeladen sind, dürfen wir dennoch nicht über das verstorbene Kind, über die verstorbene Mutter, über den verstorbenen Bruder sprechen. Schnell wird das Gespräch auf Themen gelenkt, die mit Tod und Trauer nichts zu tun haben. Das kommt nicht daher, weil unsere Freunde nicht für uns da sein wollen, sondern weil sie nicht wissen, was sie sagen, womit sie uns trösten könnten. Andere wiederum versuchen, unserer Trauer mit irgendwelchen beschwichtigenden Worten zu begegnen oder dem Tod durch Erklärungen einen Sinn zu geben. So verwehren sie unserer Trauer einen Raum und führen uns weiter hinein in die Einsamkeit. Wir haben das Gefühl, mit unserer Trauer nicht sein zu dürfen.

Doch trösten heißt nicht, dem anderen tröstende Worte zu sagen. Vor allem aber heißt es nicht, ihn mit frommen Worten zu vertrösten. Das deutsche Wort Trost hat seine Wurzeln im Wort Treue und bedeutet ursprünglich: Festigkeit. Trösten heißt also, beim anderen stehen zu bleiben, seine Tränen, seine Verzweiflung, seine Anklagen, seine Sinnlosigkeit mit ihm zusammen auszuhalten, anstatt die Sinnlosigkeit zu überspielen, indem man sofort mit biblischen Worten beweisen möchte, dass der Tod doch wohl einen Sinn hat. Trösten heißt, schweigend beim anderen auszuhalten, ohne mit irgendwelchen Worten etwas zu beschwichtigen.

Ich möchte dich, liebe Leserin, lieber Leser, hier ermutigen, zu deiner Trauer zu stehen. Ich biete dir keinen schnellen Trick an, die Trauer zu überwinden. Vielmehr wage ich mich beim Schreiben in deine Trauer hinein. Ich möchte deine Einsamkeit aushalten und mit meinen Worten bei dir bleiben. Zuerst aber will ich dir zuhören, was du über deine Trauer und den Tod des lieben Menschen erzählen möchtest. Indem ich dieses Buch schreibe, höre ich auf die Trauernden. Ich wünsche dir, dass du die Worte als Begleiter siehst, die dich in deiner Trauer nicht alleine lassen. Und versuche, in den Worten immer den zu entdecken, der diese Worte zu dir spricht und der dir in deiner Trauer zuerst einmal zuhört, so lange zuhört, bis du alles erzählt hast, was dich berührt.

Mit meinen Worten möchte ich dich nicht vertrösten. Ich möchte deine Trauer nicht überspringen. In vielen Trauerseminaren habe ich erfahren, wie sensibel ich mit Worten des Trostes umgehen muss. Wenn Menschen tief in der Trauer stecken, dann können Worte, die zu schnell trösten wollen, verletzen. Der Trauernde wehrt sich gegen solche vertröstenden Worte. Ich möchte versuchen, Trostworte in die verschiedenen Trauersituationen hineinzusprechen. Wenn die Worte für dich nicht stimmen, dann versuche, für dich selbst Worte zu finden, die dir Halt geben in der Trauer, die für dich weiterführen. Und ändere meine Worte so lange, bis sie für dich passen.

Trauer und Betrauern

Wenn ein lieber Mensch stirbt, dann stürzt mich die Trauer in ein Gefühlschaos. Es ist der Schmerz über den Verlust des lieben Menschen. Am Anfang möchte ich es gar nicht wahrhaben, dass ich mit dem verstorbenen Vater, der verstorbenen Mutter, dem Freund, dem Kind nicht mehr sprechen kann. Ich verdränge die Trauer. Wenn ich sie zulasse, dann habe ich das Gefühl, den Boden unter den Füßen zu verlieren. Ich kenne mich nicht mehr aus. Auch der Glaube trägt nicht. Zumindest nimmt er mir den Schmerz nicht. Die Trauer ist von verschiedenen Gefühlen geprägt. Zunächst ist der Schmerz im Vordergrund. Es ist ein unsagbarer Schmerz, diesen lieben Menschen verloren zu haben und von ihm für immer Abschied nehmen zu müssen. In den Schmerz mischt sich das Gefühl von Sinnlosigkeit. Wenn dieser Mensch, der mir so viel bedeutet hat, nicht mehr ist, dann weiß ich nicht, was ich mit meinem Leben noch soll.

Doch in den Schmerz und in die Trauer mischen sich auch andere Gefühle. Indem ich Abschied nehme von diesem Menschen, wird mir meine Beziehung zu ihm bewusst. Und diese Beziehung war nicht nur klar und liebevoll und harmonisch. Da gab es auch Konflikte. Da gab es Missverständnisse und Verletzungen. Wenn ich daran denke, dann kommt auch Wut hoch. Trauerarbeit bedeutet immer auch, dass ich mir der Beziehung zum Verstorbenen bewusst werde, dessen, was ich ihm verdanke, was er mir bedeutet, aber auch dessen, was mir mit ihm schwergefallen ist und was mich verletzt hat. Trauerarbeit heißt immer auch, meine Beziehung zum Verstorbenen zu klären und Ungeklärtes nochmals zu bearbeiten, um es dann loslassen zu können.

Ich trauere aber nie nur um den verstorbenen Menschen. Der Tod eines lieben Menschen fordert mich heraus, meine zerplatzten Lebensträume zu betrauern. Denn mein Leben, so wie ich es mir vorgestellt habe, an der Seite meines Mannes, meiner Frau, gemeinsam mit meinem Vater und meiner Mutter, gemeinsam mit meinem Kind, ist durch den Tod jäh infrage gestellt worden. Meine Vorstellungen vom Leben sind zerbrochen. Ich muss mich also selbst betrauern. Denn mein Leben geht nicht mehr so weiter, wie ich mir das gewünscht habe. Oft erinnert mich der Tod eines lieben Menschen auch an das eigene nicht gelebte Leben. So ist die Trauer immer auch Trauer über das bisher nicht gelebte Leben.

Die Psychoanalytikerin und Medizinerin Margarete Mitscherlich hat bei ihrer Beschäftigung mit der Trauer festgestellt, dass der, der die Trauer verweigert, innerlich erstarrt. Die Trauer um die zerplatzten Lebensträume, um die verpassten Chancen, um das ungelebte Leben tut weh. Aber sie führt auch in den Grund meiner Seele, in dem ich dann mit neuen Möglichkeiten meines Lebens in Berührung komme. Die Trauer wird aber nur gelingen, wenn ich bereit bin, meine Vorstellungen, die ich mir von mir selbst, von meinem Leben und von Gott gemacht habe, zerbrechen zu lassen. Für mich gibt es nur die Möglichkeiten: Entweder ich lasse meine Vorstellungen zerbrechen, dann werde ich durch die Trauer aufgebrochen zu neuen Lebensmöglichkeiten. Oder aber ich halte an meinen Vorstellungen vom Leben fest. Dann werde ich zerbrechen an dem Verlust eines lieben Menschen.

Eine Mutter erzählte vom Tod ihres 38-jährigen Sohnes, der jeden Sonntag in die Kirche gegangen war. Sie war voller Bitterkeit und Hass auf Gott, dass er ihr den Sohn genommen hatte. Ich drückte ihr mein Verständnis über die Anklage und Rebellion gegen Gott aus. Aber ich sagte ihr, die Rebellion müsse auch das Ziel haben, sich irgendwann in den unbegreiflichen Gott hineinzuergeben. Doch meine Worte prallten ab. Da spürte ich: Die Frau hielt an ihren Vorstellungen vom Leben und von Gott fest. Gott muss ihren Sohn lange leben lassen, wenn er jeden Sonntag in die Kirche geht. Wenn das nicht so ist, dann will sie von Gott nichts mehr wissen. Doch wenn sie bisher 70 Jahre lang an Gott festgehalten hat, wird sie persönlich zerbrechen, wenn sie Gott aus ihrem Herzen herausreißt. Trauern würde bedeuten: Ich lasse meine Vorstellung zerbrechen, dass mein Sohn mich beispielsweise im Alter pflegt. Ich lasse meine Vorstellung von mir selbst zerbrechen, die ich mich immer nur als Mutter verstanden habe. Und ich lasse meine Vorstellungen von Gott zerbrechen. Dann werde ich aufgebrochen für neue Möglichkeiten meines Lebens, für mein wahres Selbst und für den ganz anderen Gott, der aber trotz aller Unbegreiflichkeit Liebe ist.

Eine neue Beziehung zum Verstorbenen finden

Wenn wir in Trauer sind, haben wir oft den Eindruck, dass sie gar nicht weggeht. Die Tränen fließen unentwegt. Wenn jemand uns an den Verstorbenen erinnert, beginnen wir zu weinen. Und oft erleben wir unser Leben als sinnlos. Die Trauer sollen wir nicht überspringen. Aber gerade wenn wir in der Trauer von chaotischen Gefühlen heimgesucht werden, ist es wichtig, dass wir an ein Ziel der Trauer glauben. Wenn die Trauer ein Ziel hat, dann können wir sie leichter durchstehen.

Ein Ziel der Trauer kann sein, dass sie mich zu einer neuen Beziehung zum Verstorbenen führen will. Wenn ich ihn im Tod losgelassen habe, kann ich auch eine neue Beziehung zu ihm aufnehmen. Er wird zu einem inneren Begleiter. Manchmal darf ich das in Träumen erleben, in denen mir der Verstorbene ein Wort sagt, das mich weiterführt, oder mir einfach schweigend zeigt, dass es gut ist, so wie es ist. Ich darf den Verstorbenen auch bitten, mich zu begleiten, mir den Rücken zu stärken und mir einen Weg zu zeigen, den ich gehen kann. Und ich kann ihn in meiner Trauer auch fragen: »Was ist deine Botschaft an mich? Und wie möchtest du, dass ich auf dein Leben und Sterben antworte? Wie soll ich jetzt ohne dich leben? Was ist dein Impuls?«

Der Verstorbene hat eine Botschaft für uns. Oft erkennen wir erst im Tod, was den Verstorbenen bewegt hat, was er mit seiner Person ausdrücken und vermitteln wollte. Wir haben ihn während seines Lebens immer auch mit seinen Grenzen erfahren. Jetzt ist er im Tod in seine wahre Gestalt hineingewachsen, in das Bild, das Gott sich von ihm gemacht hat.

Wenn wir die Botschaft der Verstorbenen verstehen, können wir mit unserem Leben darauf antworten. Dann sind wir gleichsam mit den Verstorbenen im Gespräch und geben mit dem, was wir denken und tun, eine Antwort auf das, was sie uns sagen wollen. Eine Frau, die Kinder durch Totgeburt verloren hatte, konnte nach Jahren der Trauer sagen: Meine Kinder sind wie Engel, die mich begleiten und mir bei meiner erzieherischen und künstlerischen Arbeit helfen. Sie war Malerin und durfte die Erfahrung machen, dass sie einen besonderen Zugang zu schwierigen Kindern hatte. Mit ihrer Kunst konnte sie Kinder erreichen und berühren, die sonst niemand bewegen konnte.

Wenn beispielsweise eine Frau ihren Mann verloren hat, kann sie sich vorstellen, dass ihr Mann ihr den Rücken stärkt, dass er ihr beisteht, wenn sie wichtige Entscheidungen treffen muss. Der Mann, der seine Frau verloren hat, kann sie bitten, dass sie ihn weiterhin mit ihrer Liebe begleitet. Und Eltern, die ein Kind verloren haben, können die Kinder als innere Begleiter sehen, als Engel, die bei ihnen sind und die ihrer Seele Flügel verleihen wollen. Nach dem Tod muss die Beziehung zum Verstorbenen nicht blass werden. Sie kann sogar in neuer Klarheit und Echtheit gelebt werden. Jetzt stoßen wir uns nicht mehr an den Grenzen des anderen, an seinen Fehlern und Schwächen, die das eigentliche Bild von ihm verdunkelt haben. Jetzt erkennen wir, wer er oder sie wirklich war. Und so können wir auch auf neue Weise die Beziehung zu ihm oder ihr aufnehmen.

Neue Möglichkeiten in mir entdecken

Ein weiteres Ziel der Trauer kann darin bestehen, in den eigenen Seelengrund zu gelangen und dort neue Möglichkeiten in sich selbst zu entdecken. In der Trauer gehe ich durch den Schmerz hindurch, der meinen ganzen Leib, vor allem aber den Herzbereich beherrscht, um in den Grund meiner Seele zu gelangen. Dort liegen all die Fähigkeiten bereit, die Gott mir geschenkt hat. Manche Fähigkeiten habe ich als Mann oder Frau dieses Partners vernachlässigt. Jetzt wäre es meine Aufgabe, mich zu fragen: Wer bin ich selbst, wenn ich nicht nur Sohn oder Tochter dieser Eltern bin, wenn ich nicht mehr Mann oder Frau dieses Partners bin und nicht mehr Vater oder Mutter dieser Tochter oder dieses Sohnes? Ich werde die Antwort auf diese Fragen nicht sofort bekommen. Aber es hilft schon, sich diese Fragen zu stellen und sie auf sich wirken zu lassen. Dann erahne ich, dass der Tod eines lieben Menschen nicht einfach nur ein Ende ist und mein Leben nicht sinnlos macht, sondern dass er mich auf neue Möglichkeiten verweist. Das Leben, so wie ich es bisher geführt habe, ist durch den Tod des geliebten Menschen sinnlos geworden. Aber es hat seinen Sinn nicht in sich selbst verloren. Jetzt ist es meine Aufgabe, meinem Leben einen neuen Sinn zu geben, all die wunderbaren Möglichkeiten, die ich bisher in mir übersehen oder vernachlässigt habe, zu entfalten.

Allerdings geht der Weg zu diesem Seelengrund, in dem meine Lebensmöglichkeiten schlummern, immer wieder durch die Trauer hindurch. Ich lasse die Trauer nicht einfach hinter mir. Früher meinte man, man müsse die Trauer nach einem Jahr bewältigt haben. Dann dürfe sie nicht mehr sein. Heute sehen das die Psychologen anders. Denn die Trauer zeigt ja, dass wir den Verstorbenen geliebt haben und immer noch lieben. Und es darf wehtun, die geliebte Person nicht mehr bei sich zu haben. Der Schmerz über den Verlust darf immer wieder in mir hochkommen. Doch ich bleibe nicht im Schmerz stecken. Ich gehe dem Schmerz auf den Grund. Und auf diesem Grund gelange ich in meinen persönlichen Raum des Friedens und in meinen Raum, der mich neue Möglichkeiten und Fähigkeiten entdecken lässt.

Gott meine Trauer hinhalten

Du hast einen lieben Menschen verloren. Vielleicht hast du damit gerechnet, weil dein Bruder krank oder deine Mutter schon alt war. Doch jetzt, in diesem Moment, hilft dieses Wissen nicht weiter, denn du spürst nur den Verlust. Du warst gewohnt, die Mutter regelmäßig anzurufen. Jetzt wirst du manchmal zum Hörer greifen und dann erst merken: Die Mutter ist ja gar nicht mehr da. Ich kann sie nicht mehr anrufen. Oder du vermisst den Vater. Er hat für dich immer Sicherheit ausgestrahlt. Du konntest dich an ihn lehnen. Du konntest dich auf ihn verlassen. Er hat dir in schwierigen Situationen geholfen, dir einen Rat gegeben. Jetzt bist du auf eigene Füße gestellt. Und oft wirst du den Vater vermissen.

Auch wenn der Tod für den Verstorbenen vielleicht eine Erlösung war, löst das die Trauer nicht auf. Jetzt vermisst du ihn oder sie. Und jetzt ist der Abschied endgültig. Den Schmerz darüber kannst du nicht überspringen. Aber du darfst versuchen, mitten im Schmerz Gott für den geliebten Menschen zu danken. Was hast du von ihm gelernt? Was hat er dir mitgegeben an Fähigkeiten und Weisheiten, damit du dein Leben bewältigen kannst? Danke dem Verstorbenen für alles, was er für dich getan hat. Aber vielleicht erinnerst du dich auch an Verletzungen, die er dir zugefügt hat. Vielleicht war die Beziehung nicht so, wie du sie gerne gehabt hättest.

Lass alle Gefühle zu und halte sie Gott hin. Halte auch die Verletzungen Gott hin. Und stelle dir vor, dass Gottes heilende Liebe deine Verletzungen verwandelt. Stelle dir aber auch vor, dass der Verstorbene jetzt bei Gott im Frieden ist, dass er, dass sie dich wirklich geliebt hat, auch wenn die Liebe für dich nicht immer so klar spürbar war. Bitte den Verstorbenen, dir den Rücken zu stärken und bei dir zu sein, um dir weiterhin den Raum von Geborgenheit und Angenommensein zu schenken.

Gott meine Schuldgefühle hinhalten

Oft tauchen in der Trauer auch andere Gefühle auf als der Schmerz über den Verlust. Da ist manchmal Wut darüber, dass uns der geliebte Mensch verlassen hat. Wir werfen dem Verstorbenen vor, dass er gestorben ist, dass er sich nicht genügend um seine Gesundheit gekümmert hat und krank geworden ist oder – bei einem Unfall – nicht ausreichend auf sich aufgepasst hat und leichtsinnig gewesen ist. Oder wir sind wütend auf Gott, dass er uns diesen lieben Menschen genommen hat. Wir verstehen ihn nicht mehr. Wir haben so viel gebetet, dass dieser Mensch gesund wird. Aber er ist gestorben. Wir haben gebetet, dass er friedlich stirbt, aber er ist voller Schmerzen und Verzweiflung gestorben. Wir verstehen die Welt nicht mehr. Wir sind maßlos enttäuscht. Und wir sind unfähig, weiter zu Gott zu beten. Wir haben den Eindruck, dass unsere Gebete leer verhallen. Manchmal sind wir wütend über Verletzungen, die wir durch den Verstorbenen erfahren haben. Der Verstorbene hat uns manchmal nicht verstanden. Er hat uns übersehen. Er hat uns mit Worten verletzt.

Manche trauen sich nicht, diese negativen Gefühle wie Wut und Gekränktsein zuzulassen. Sie fühlen sich schuldig, weil sie doch Schmerz und Trauer empfinden sollten. Vielleicht haben wir aber auch Schuldgefühle, weil wir zum Verstorbenen nicht liebevoll genug gewesen sind. Es fällt uns ein, was wir dem anderen nicht gesagt haben oder was wir ihm zum Abschied hätten sagen sollen. Wir fühlen uns schuldig, dass wir nicht gebührend Abschied von ihm genommen haben. Und wir fühlen uns schuldig, dass wir ihm auch im Leben nicht ganz gerecht geworden sind. Wir haben ihm oft nicht gesagt, was er uns wirklich bedeutet. Und wir fühlen uns schuldig, weil wir ihn verletzt haben. Wir haben ihn manchmal mit Nichtbeachtung bestraft, wenn wir uns verletzt fühlten. Wir haben auf seine Verletzungen mit Kränkungen reagiert. Wir haben manchmal unser Herz ihm gegenüber verschlossen. Wir waren zu sehr auf uns bezogen und haben uns zu wenig auf ihn eingelassen.

Es hat keinen Sinn, die Schuldgefühle zu verdrängen. Aber es hilft auch nicht, sich ständig durch Schuldgefühle zu zerfleischen, sich zu beschuldigen. Sonst ziehen wir uns ständig nach unten. Es hat aber auch keinen Sinn, sich zu entschuldigen und zu rechtfertigen. Denn dann müssen wir immer nach neuen Gründen suchen, warum wir recht haben.

Da hilft unser christlicher Glaube, dass Gott uns unsere Schuld vergibt. Wir sollten sie Gott hinhalten und vertrauen, dass er uns vergibt. Manchmal kann eine Beichte, in der wir alle Schuldgefühle vor dem Priester aussprechen und dann die Absolution von Gott her ausgesprochen bekommen, helfen, die Schuldgefühle zu begraben und uns selbst zu vergeben. Und wir sollten uns vorstellen: Der Verstorbene ist jetzt bei Gott. Er macht uns keine Vorwürfe. Er ist im Frieden mit Gott. Er ist auch im Frieden mit uns selbst. Er durchschaut all das, was gewesen ist, und schaut mit dem Blick Gottes auf uns, mit einem versöhnten und dankbaren Blick.

Eine neue Beziehung zu Gott

Die Trauer will mich auch in eine neue Beziehung zu Gott bringen. Die neue Beziehung zu Gott hat verschiedene Aspekte. Da ist einmal das Bewusstsein: Der Gott, zu dem ich bete, ist der Gott, bei dem jetzt der Verstorbene ist. Gott bekommt gleichsam ein menschliches Antlitz. Ich kann nicht an Gott denken, ohne an die Verstorbenen zu denken, die jetzt sein Angesicht schauen. Ich bete zu dem Gott, der die Verstorbenen auferweckt hat, genauso wie er seinen Sohn Jesus Christus von den Toten auferweckt hat. Und ich bete zu dem Gott, an den der Verstorbene geglaubt, auf den er gehofft und den er geliebt hat. Der Verstorbene verweist mich auf Gott. Gott hat ihn durch sein Leben begleitet. Gott galt seine Sehnsucht. Indem ich an Gott denke, fühle ich mich zugleich verbunden mit dem Verstorbenen, für den Gott das Ziel seines Lebens war und der jetzt dort angekommen ist. Die Beziehung zu Gott lässt sich also von der Beziehung zum Verstorbenen nicht trennen.

Aber die neue Beziehung zu Gott hat auch noch einen anderen Aspekt. Der Verstorbene ist jetzt im

Himmel. Aber ich bin hier auf der Erde. Ich kann mich nicht mehr so auf die Verstorbene, den Verstorbenen stützen wie zu Lebzeiten. Jetzt will Gott der eigentliche Grund meines Lebens sein. Und so stellt sich für mich die Frage: Wer ist Gott für mich? Ist er wirklich der Grund, auf dem ich mein Lebenshaus baue? Ich kann im Gebet die Gemeinschaft mit dem Verstorbenen erfahren. Aber zugleich spüre ich auch den Schmerz über das Alleingelassensein. So ist die Trauer die Herausforderung, mich ganz und gar Gott anzuvertrauen mit meinem Schmerz, mit meiner Verlassenheit.

Die Trauer öffnet mich für Gott. Und im Schmerz erahne ich, dass Gott auf dem Grund meiner Seele wohnt. Der Schmerz führt mich in die Tiefe meiner Seele. Dort berühre ich Gott. Und wenn ich Gott in mir berühre, verwandelt sich mein Schmerz in eine Verbundenheit mit ihm und in die Ahnung, dass Gott meine tiefste Sehnsucht erfüllt und dass er die Quelle der Liebe ist, die in mir strömt und die nie versiegen wird. Es ist letztlich die göttliche Quelle der Liebe, an die mich die Verstorbene, der Verstorbene immer wieder erinnert. Ich kann die Liebe zum Verstorbenen nicht mehr so genießen wie früher. Ich spüre die Liebe und zugleich den Schmerz über den Abstand, den der Tod für mich darstellt. Doch wenn ich mich von dieser schmerzerfüllten Liebe in den Abgrund meiner Seele führen lasse, erkenne ich darin Gott als die Liebe, die stärker ist als der Tod.

Die Phasen der Trauer

Der Trauerprozess durchläuft normalerweise vier verschiedene Stufen. Es kann hilfreich sein, sich diese vier Phasen bewusst zu machen. Man muss dabei aber beachten, dass es keinen typischen Verlauf der Trauer gibt. Jeder Todesfall ist anders, und jeder Mensch trauert auch anders.

Die Psychologin Verena Kast hat die vier Phasen der Trauerarbeit beschrieben. Zuerst ist da das Verleugnen des Todes. Man will ihn nicht wahrhaben. Es kann doch nicht wahr sein. Die Angehörigen wachen morgens auf mit dem Gefühl, sie hätten vom Tod nur geträumt. In Wirklichkeit würde der Sohn, die Tochter, die Ehefrau, der Ehemann noch leben. Viele verdrängen den Verlust eines lieben Menschen, indem sie sich voll auf die Organisation der Beerdigung konzentrieren.

Der zweite Schritt sind die Gefühle, die nun hochkommen. Manche Menschen sind verwirrt, wenn ihre Emotionen ein Gefühlschaos aus Leid, Schmerz und Trauer, aber auch Wut, Neid und sogar Eifersucht und Schuld sind. Sie erschrecken über Wut und Eifersucht, die der Tod eines geliebten Menschen in ihnen auslöst. Sie verbieten sich diese Gefühle und empfinden sie als unpassend. Aber alle diese Gefühle haben ihren Sinn und sie wollen und müssen angeschaut und bearbeitet werden. Da ist eine Frau wütend, dass der Mann sie mit ihren drei Kindern allein gelassen hat. Andere empfinden Schuld, wenn sie das Gefühl haben, dem Verstorbenen gegenüber etwas versäumt zu haben, ihn verkannt oder nicht verstanden zu haben. Oder da ist Wut über Verletzungen, die wir durch den Verstorbenen erfahren haben. Manche trauen sich nicht, diese negativen Gefühle zuzulassen. Aber auch das gehört zur Trauer. Sie will unsere Gefühle zum Verstorbenen klären. Nur wenn wir alle Gefühle zulassen, können sie sich wandeln, kann sich die Wut in Dankbarkeit wandeln und der Schmerz in Freude und das Gekränktsein in Offenheit.

In der dritten Phase suchen wir nach dem Verstorbenen, nach dem, was uns noch von ihm bleibt. Erinnerungen werden wie Schätze gesammelt. Immer wieder erzählt man sich, was man mit dem Toten erlebt hat. Oft ist es hilfreich, Briefe nochmals zu lesen, die wir von dem Verstorbenen empfangen haben. Ich schaue mir nochmals die Bilder an, die ich von ihm/ihr habe. Ich höre die Musik an, die der/die Verstorbene gerne gehört hat. Im Hören seiner Lieblingsmusik erahne ich, was ihn dabei bewegt hat. Und zugleich fühle ich mich im Hören eins mit ihm. Ich gehe seine Lieblingswege nach. Vielleicht ist er immer den gleichen Spazierweg gegangen. Ich gehe mit ihm und fühle mich im Gehen eins mit ihm. Natürlich wird da oft auch der Schmerz hochkommen, dass ich jetzt allein diesen Weg gehen muss. Vor allem, wenn wir diesen Weg oft gemeinsam gegangen sind. Ich kann an die Lieblingsorte fahren, die die Verstorbene so gerne besucht hat. Auch hier werde ich oft den Schmerz spüren, dass ich jetzt allein an diesem Ort bin. Aber ich kann dabei auch erahnen, was sie an diesem Ort bewegt hat. Und ich kann mich an die gemeinsamen Erfahrungen erinnern. Vielleicht erscheinen sie mir heute in einem ganz anderen Licht.

Der letzte Schritt besteht darin, eine neue Beziehung zu mir selbst zu finden. Wer bin ich selbst? Wer bin ich ohne den Verstorbenen? Was hat der/die Verstorbene in mir angerührt? Womit hat sie mich in Verbindung gebracht? Was hat sie mir über mich selbst gezeigt? Ich soll vom Verstorbenen immer auch auf mich selbst schauen. Die Beziehung zum Verstorbenen bringt mich in eine tiefere Beziehung zu mir selbst. Ich entdecke das Potenzial, das Gott mir geschenkt hat und das der Verstorbene in mir geweckt hat. Ich schaue dann nicht nur wehmütig nach dem Verstorbenen. Ich weiß, dass er in meinem Herzen wohnt.

Die Prozesse der Trauerarbeit enden aber nicht in einem völligen Aufhören der Trauer, wie es bei manchen Beschreibungen des Trauerprozesses den Anschein hat.

Trauerarbeit ist nicht dazu da, die Trauer möglichst schnell zu überwinden und den Schmerz für immer verschwinden zu lassen. Es geht in der Trauer nicht um das eigene Davonkommen, sondern auch um den Verstorbenen, um das Hochhalten der Erinnerung an ihn. In der Trauer spielt auch die Treue zum Betrauerten eine Rolle. Weil ich ihm die Treue halte, will ich die Trauer nicht für immer vergessen. Natürlich wandelt sich die Trauer. Aber wir dürfen uns nicht für krank halten, wenn sie auch nach Jahren immer wieder einmal aufbricht.

Es gibt aber auch die Überforderung in der Trauer. Wir sollen auf der einen Seite nicht meinen, wir könnten die Trauer loswerden. Auf der anderen Seite sollten wir nicht darin stecken bleiben. Trauer ist dazu da, sich großem Schmerz und Verlust zu stellen. Aber auch dazu, um eine neue Beziehung zum eigenen Leben aufzubauen. Es ist immer eine Gratwanderung, die für jeden anders aussehen wird.

Konkrete Hilfe in der Trauer

Ich möchte dir eine Übung vorschlagen. Es braucht den Mut, über die Hemmschwelle zu gehen, die sich dagegen in uns aufrichtet. Aber wenn du über die Hemmschwelle gehst, wirst du spüren, dass dir die Übung guttut.

Nimm dir 20 Minuten Zeit, an den verstorbenen Partner, den verstorbenen Elternteil, das verstorbene Kind einen Brief zu schreiben.

Schreibe alle Gefühle auf, die dich bewegen. Schreibe alles, was du dem Verstorbenen gerne sagen möchtest. Denke dir nicht viel aus, sondern versuche, ganz im Schreiben zu sein.

Nach 20 Minuten nimmst du ein anderes Blatt Papier. Jetzt schreibst du einen Brief von deinem verstorbenen Elternteil, von deinem verstorbenen Partner, von deinem verstorbenen Kind an dich selbst. Vielleicht denkst du, das gehe doch nicht, das sind doch meine eigenen Gedanken. Natürlich bist es du, der diesen Brief schreibt. Und es sind deine Gedanken. Aber sie kommen aus einer Tiefe, die du sonst nicht kennst. Versuche auch hier, nicht »im Kopf« zu sein, sondern »in der Hand«.

Es kann sein, dass dir beim Schreiben viele Tränen kommen. Aber durch den Schmerz hindurch wirst du nachher spüren: Ja, der Verstorbene ist in Beziehung zu mir. Meine Beziehung zu ihm ist gut. Ich spüre sie oder ihn. Und ich will antworten auf ihr Leben und Sterben.

Rituale und Orte der Trauer

Die Rituale der Beerdigung hast du hinter dir. Das Ritual, das uns mit den Verstorbenen verbindet, ist die Eucharistie. Während wir hier das Mahl Jesu feiern, feiern die Verstorbenen im Himmel das himmlische Hochzeitsmahl. Die Grenze zwischen Himmel und Erde, zwischen Lebenden und Verstorbenen wird aufgehoben. Wir erfahren dadurch intensiv die Gemeinschaft mit den Verstorbenen. Und wenn wir dabei das Vaterunser beten, können wir uns vorstellen, dass wir dieses Gebet jetzt als Glaubende und Zweifelnde beten, während es die Verstorbenen als Schauende beten. Wir können uns beim Beten vorstellen, wie die Verstorbenen diese Worte gebetet und wie sie mit ihnen ihr Leben bewältigt haben. Das gilt nicht nur für das Vaterunser, sondern für alle Lieblingsgebete des Verstorbenen. Wenn ich seine Lieblingspsalmen bete, dann werde ich eins mit ihm. Er betet diese Psalmen und das Vaterunser jetzt als Schauender, während ich sie als Glaubender bete. Das Gebet ist also der Ort, an dem ich eine tiefe Gemeinschaft mit dem Verstorbenen erfahren darf.

Ein Ort, an dem ich die Beziehung zum Verstorbenen erfahre, ist das Grab. Natürlich wissen wir, dass der Verstorbene jetzt bei Gott ist. Aber unsere Trauer braucht einen Ort, eine Heimat. Und dieser Heimatort der Trauer ist das Grab. Dort können wir unsere Liebe zum Verstorbenen auf handfeste Weise ausdrücken. Wir pflegen das Grab. Wir schmücken es mit Blumen. Indem wir das Grab schmücken, bekommt unsere Liebe zum Verstorbenen einen greifbaren Ausdruck. So wie wir den Verstorbenen im Leben herzlich umarmt haben, so drücken wir jetzt unsere Liebe zu ihm aus, indem wir liebevoll das Grab pflegen. Wir schauen auf das Grab und glauben daran, dass der Verstorbene jetzt bei Gott ist und uns auch zu Gott führen möchte. Während wir das Grab pflegen, sind wir im Zwiegespräch mit dem Verstorbenen. Wir erinnern uns an das, was er uns einmal gesagt hat oder wie wir ihn als Mensch erlebt haben.

Auch während des Jahres gibt es viele Rituale, um die Gemeinschaft mit dem Verstorbenen zu spüren, ohne ihn festhalten zu wollen. Da ist die Kerze, die wir an seinem Geburtstag, an seinem Namenstag vor seinem Bild oder die wir an Weihnachten für ihn anzünden und an die Krippe stellen. Dann stellen wir uns vor, dass der Verstorbene mit uns Weihnachten feiert, dass er im Himmel das Geheimnis der Menschwerdung versteht, während wir immer nur versuchen, das Geheimnis von Weihnachten zu erahnen. An Ostern zünden wir eine eigene Osterkerze an für den Verstorbenen. Wir können diese Kerze verzieren mit Symbolen, die etwas über den Verstorbenen aussagen. Dann verstärkt diese Kerze unseren Glauben, dass er auferstanden ist und uns jetzt vom Himmel aus Licht schickt in unsere Dunkelheit.

Gebet in Traurigkeit

Guter Gott,
heute greift die Traurigkeit nach meinem Herzen.
Auch der Gedanke an dich kann diese Traurigkeit
nicht vertreiben.
Sie steigt aus der Tiefe auf und lähmt mich.

Ich halte dir mein trauriges Herz hin und bitte dich:
Lass dein Licht und deine Liebe in meine Traurigkeit hineinströmen und lass mich von dir geliebt und mit dir verbunden fühlen.

Lass mich meine Traurigkeit zum Grund meiner
Seele führen,
wo ich dich finden kann als das Licht,
das meine Finsternis erleuchtet,
als die Liebe, die mich durchdringt,
und als die Freude, die meine Traurigkeit verwandelt.

So bitte ich dich heute,
dass dein Licht, deine Liebe und deine Freude
durch alle traurigen Gefühle hindurchdringen,
damit ich mich mit meiner Traurigkeit in dir geborgen
und von dir geliebt fühle.